LA CRITIQUE

DE

L'ESCOLE

DES FEMMES.

COMEDIE.

Par J. B. P. MOLIERE.

Suivant la Copie imprimée

A PARIS.

M. DC. LXXIV.

LES PERSONNAGES.

URANIE.

ELISE.

CLIMENE.

GALOPIN, Laquais.

LE MARQUIS.

DORANTE, ou le Chevalier.

LYSIDAS, Poëte.

A LA
REYNE MERE.

ADAME,

Je sçay bien que VOSTRE MAJESTE'
n'a que faire de toutes nos Dedicaces, & que ces
pretendus devoirs, dont on luy dit elegamment
qu'on s'acquitte envers elle, sont des hommages,
à dire vray, dont elle nous dispenseroit tres-vo-
lontiers. Mais je ne laisse pas d'avoir l'audace de
luy dedier La Critique de l'Escole des Femmes,
& je n'ay pû refuser cette petite occasion de pouvoir témoigner ma joye à VOSTRE MA-
JESTE' sur cette heureuse convalescence, qui
redonne à nos vœux la plus grande, & la meilleure Princesse du monde, & nous promet en elle
de longues années d'une santé vigoureuse : Comme chacun regarde les choses du costé de ce qui le
touche, je me réjouis dans cette allegresse generale, de pouvoir encore obtenir l'honneur de di-
vertir VOSTRE MAJESTE'; Elle, MA-
DAME, qui prouve si bien que la veritable de-
votion n'est point contraire aux honnestes diver-
tissemens ; qui de ses hautes pensées & de ses im-

A 2

portan-

portantes occupations, descend si humainement
dans le plaisir de nos spectacles, & ne dédaigne
pas de rire de cette même bouche, dont elle prie si
bien Dieu. Je flatte, dis-je, mon esprit de l'es-
perance de cette gloire; j'en attens le moment a-
vec toutes les impatiences du monde, & quand
je joüiray de ce bon-heur, ce sera la plus grande
joye que puisse recevoir,

MADAME,
De Vostre Majesté

Le tres-humble, tres-obeïs-
sant, & tres-fidelle servi-
teur, & sujet,

J. B. P. MOLIERE.

LA

LA
CRITIQUE
DE
L'ESCOLE
DES FEMMES.
COMEDIE.

SCENE PREMIERE.
URANIE, ELISE.

URANIE.

Uoy, Cousine, personne ne t'est venu rendre visite ?

ELISE.

Personne du monde.

URANIE.

Vrayment voila qui m'estonne,
que nous ayons esté seules, l'une & l'autre, tout aujourd'huy.

ELISE.

Cela m'estonne aussi ; car ce n'est gueres nostre

                   coustu-

couſtume, & voſtre maiſon, Dieu-merci, eſt le refuge ordinaire de tous les Faineans de la Cour.

URANIE.

L'aprés-dinée, à dire vray, m'a ſemblé fort longue.

ELISE.

Et moy je l'ay trouvée fort courte.

URANIE.

C'eſt que les beaux eſprits, Couſine, aiment la
ſolitude.

ELISE.

Ah ! tres-humble ſervante au bel eſprit, vous ſça-
vez que ce n'eſt pas là que je viſe.

URANIE.

Pour moy j'aime la compagnie, je l'avouë.

ELISE.

Je l'aime auſſi ; mais je l'aime choiſie, & la quan-
tité des ſottes viſites qu'il vous faut eſſuyer parmi les
autres, eſt cauſe bien ſouvent que je prens plaiſir
d'eſtre ſeule.

URANIE.

La delicateſſe eſt trop grande, de ne pouvoir ſouffrir que des gens triez.

ELISE.

Et la complaiſance eſt trop generale, de ſouffrir
indifferemment toutes ſortes de perſonnes.

URANIE.

Je gouſte ceux qui ſont raiſonnables, & me di-
vertis des extravagans.

ELISE.

Ma foy, les extravagans ne vont guere loin ſans
vous ennuyer, & la plus-part de ces gens-là ne ſont
plus plaiſans dés la ſeconde viſite. Mais à propos
d'extravagans, ne voulez-vous pas me defaire de
voſtre Marquis incommode ? penſez vous me le
laiſſer toûjours ſur les bras & que je puiſſe durer à ſes
turlupinades perpetuelles ?

URA-

URANIE.

Ce langage est à la mode, & l'on le tourne en
plaisanterie à la Cour.

ELISE.

Tant-pis pour ceux qui le font, & qui se tuent
tout le jour à parler ce jargon obscur. La belle chose
de faire entrer aux conversations du Louvre de vieil-
les equivoques ramassées parmi les boües des Hal-
les & de la place Maubert! La jolie façon de plaisanter pour des courtisans! & qu'un homme monstre
d'esprit lors qu'il vient vous dire; Madame, vous
estes dans la Place Royale, & tout le monde vous
voit de trois lieües de Paris, car chacun vous voit de
bon œil; à cause que Boncuïl est un village à trois
lieües d'ici. Cela n'est-il pas bien galant & bien spi-
rituel; & ceux qui trouvent ces belles rencontres „
n'ont-ils pas lieu de s'en glorifier?

URANIE.

On ne dit pas cela aussi, comme une chose spi-
rituelle, & la plus-part de ceux qui affectent ce langage, sçavent bien eux-mêmes qu'il est ridicule.

ELISE.

Tant-pis encore, de prendre peine à dire des sottises, & d'estre mauvais plaisans de dessein formé.
Je les en tiens moins excusables; &, si j'en estois juge, je sçay bien à quoy je condamnerois tous ces
Messieurs les Turlupins.

URANIE.

Laissons cette matiere, qui t'eschauffe un peu
trop, & disons que Dorante vient bien tard, à mon
avis, pour le soûpé que nous devons faire ensem-
ble.

ELISE.

Peut estre l'a-t-il oublié, & que....

SCENE II.

GALOPIN, URANIE, ELISE.

GALOPIN.

VOyla Climene, Madame, qui vient ici pour vous voir.

URANIE.

Eh mon Dieu ! quelle visite.

ELISE.

Vous vous plaigniez d'estre seule, aussi : le Ciel vous en punit.

URANIE.

Viste, qu'on aille dire que je n'y suis pas.

GALOPIN.

On a déja dit que vous y estiez.

URANIE.

Et qui est le sot, qui l'a dit ?

GALOPIN.

Moy, Madame.

URANIE.

Diantre soit le petit vilain. Je vous apprendray bien à faire vos réponses de vous-même.

GALOPIN.

Je vais luy dire, Madame, que vous voulez estre sortie.

URANIE.

Arrestez, animal, & la laissez monter, puisque la sottise est faite.

GALOPIN.

Elle parle encore à un homme dans la ruë.

URANIE.

Ah! Cousine, que cette visite m'embarasse à l'heure qu'il est.

ELI-

ELISE.

Il est vray que la Dame est un peu embarassan-
te de son naturel ; j'ay toûjours eu pour elle une
furieuse aversion : & n'en déplaise à sa qualité,
c'est la plus sotte beste qui se soit jamais meslée de
raisonner.

URANIE.

L'epithete est un peu forte.

ELISE.

Allez, allez, elle merite bien cela, & quelque
chose de plus, si on luy faisoit justice. Est-ce qu'il y
a une personne qui soit plus veritablement qu'elle,
ce qu'on appelle pretieuse, à prendre le mot dans sa
plus mauvaise signification.

URANIE.

Elle se deffend bien de ce nom pourtant.

ELISE.

Il est vray, elle se deffend du nom, mais non pas
de la chose : car enfin elle l'est depuis les pieds jusqu'à la teste, & la plus grande façonniere du monde.
Il semble que tout son corps soit demonté, & que
les mouvemens de ses hanches, de ses épaules, &
de sa teste, n'aillent que par ressorts. Elle affecte
toûjours un ton de voix languissant, & niais ; fait la
mouë, pour montrer une petite bouche, & roule
les yeux, pour les faire paroistre grands.

URANIE.

Doucement donc, si elle venoit à entendre....

ELISE.

Point, point, elle ne monte pas encore. Je
me souviens toûjours du soir qu'elle eut envie de
voir Damon, sur la reputation qu'on luy donne,
& les choses que le public a veuës de luy. Vous
connoissez l'homme, & sa naturelle paresse à soû-
tenir la conversation. Elle l'avoit invité à souper,
comme bel esprit, & jamais il ne parut si sot, par-

mi une demie douzaine de gens, à qui elle avoit fait fête de luy , & qui le regardoient avec de grands yeux , comme une perſonne qui ne devoit pas eſtre faite comme les autres. Ils penſoient tous qu'il eſtoit là pour deffrayer la compagnie de bons mots ; que chaque parole qui ſortoit de ſa bouche devoit eſtre extraordinaire ; qu'il devoit faire des *Impromptus* ſur tout ce qu'on diſoit, & ne demander à boire qu'avec une pointe. Mais il les trompa fort par ſon ſilence ; & la Dame fut auſſi mal ſatisfaite de luy , que je le fus d'elle.

URANIE.

Tay-toy , je vais la recevoir à la porte de la chambre.

ELISE.

Encore un mot. Je voudrois bien la voir mariée avec le Marquis, dont nous avons parlé. Le bel aſſemblage que ce ſeroit d'une pretieuſe , & d'un Turlupin.

URANIE.

Veux-tu te taire ? la voici.

SCE-

SCENE III.

CLIMENE, URANIE, ELISE, GALOPIN.

URANIE.

VRayment c'est bien tard que....

CLIMENE.

Eh de grace, ma chere, faites-moy viste donner un siege.

URANIE.

Un fauteuil, promptement.

CLIMENE.

Ah mon Dieu !

URANIE.

Qu'est ce donc ?

CLIMENE.

Je n'en puis plus.

URANIE.

Qu'avez-vous ?

CLIMENE.

Le cœur me manque.

URANIE.

Sont-ce vapeurs qui vous ont prise ?

CLIMENE.

Non.

URANIE.

Voulez-vous qu'on vous délace ?

CLIMENE.

Mon Dieu, non. Ah.

URANIE.

Quel est donc vostre mal ? & depuis quand vous a t-il pris ?

CLIMENE.

Il y a plus de trois heures que je l'ay rapporté du Palais Royal.

A 6   URA-

URANIE.

Comment ?

CLIMENE.

Je viens de voir, pour mes pechez, cette méchante rapſodie de l'Eſcole des Femmes. Je ſuis encore en defaillance du mal de cœur, que cela m'a
donné, & je penſe que je n'en reviendray de plus de
quinze jours.

ELISE.

Voyez un peu, comme les maladies arrivent ſans
qu'on y ſonge.

URANIE.

Je ne ſçay pas de quel temperament nous ſommes
ma couſine & moy ; mais nous fûmes avant-hier à
la même Piece, & nous en revinſmes toutes deux
ſaines & gaillardes.

CLIMENE.

Quoy, vous l'avez veuë ?

URANIE.

Ouy ; & écoutée d'un bout à l'autre.

CLIMENE.

Et vous n'en avez pas eſte juſques aux convul-
ſions, ma chere ?

URANIE.

Je ne ſuis pas ſi delicate, Dieu mercy ; & je
trouve pour moy, que cette Comedie ſeroit plûtoſt
capable de guerir les gens, que de les rendre ma-
lades.

CLIMENE.

Ah mon Dieu, que dites-vous là ! Cette propo-
ſition peut-elle eſtre avancée par une perſonne, qui
ait du revenu en ſens commun ? Peut-on, impu-
nement, comme vous faites, rompre en viſiere
à la raiſon ? & dans le vray de la choſe, eſt-il un
eſprit ſi affamé de plaiſanterie, qu'il puiſſe taſter
des fadaiſes, dont cette Comedie eſt aſſaiſonnée ?
Pour moy, je vous avouë, que je n'ay pas trouvé

le moindre grain de sel dans tout cela. Les enfans par l'oreille m'ont paru d'un goust detestable ; La tarte à la créme m'a affady le cœur ; & j'ay pensé vomir un potage.

ELISE.

Mon Dieu ! que tout cela est dit elegamment, J'aurois crû que cette Piece estoit bonne ; mais Madame a une eloquence si persuasive, elle tourne les choses d'une maniere si agreable, qu'il faut estre de son sentiment, mal-gré qu'on en ait.

URANIE.

Pour moy je n'ay pas tant de complaisance, & pour dire ma pensée, je tiens cette Comedie une des plus plaisantes que l'Auteur ait produites.

CLIMENE.

Ah ! vous me faites pitié de parler ainsi ; & je ne sçaurois vous souffrir cette obscurité de discernement. Peut-on, ayant de la vertu, trouver de l'agréement dans une piece, qui tient sans cesse la pudeur en alarme, & salit à tous momens l'imagination.

ELISE.

Les jolies façons de parler que voila ! Que vous estes, Madame, une rude jouëuse en Critique ; & que je plains le pauvre Moliere de vous avoir pour ennemie.

CLIMENE.

Croyez moy, ma chere, corrigez de bonne foy vostre jugement, & pour vostre honneur, n'allez point dire par le monde que cette Comedie vous ait plû.

URANIE.

Moy, je ne sçay pas ce que vous y avez trouvé qui blesse la pudeur.

CLIMENE.

Helas tout ; & je mets en fait, qu'une honneste

fem-

femme ne la sçauroit voir sans confusion ; tant j'y ay découvert d'ordures & de saletez.

URANIE.

Il faut donc que pour les ordures vous ayez des lumieres, que les autres n'ont pas : car pour moy je n'y en ay point veu.

CLIMENE.

C'est que vous ne voulez pas y en avoir veu, asseurément : car enfin toutes ces ordures, Dieu mercy, y sont à visage découvert. Elles n'ont pas la moindre enveloppe qui les couvre ; & les yeux les plus hardis sont effrayez de leur nudité.

ELISE.

Ah !

CLIMENE.

Hay, hay, hay.

URANIE.

Mais encore, s'il vous plaist, marquez-moy une de ces ordures que vous dites.

CLIMENE.

Hélas ! est-il necessaire de vous les marquer ?

URANIE.

Ouy : je vous demande seulement un endroit, qui vous ait fort chocquée.

CLIMENE.

En faut-il d'autre que la Scene de cette Agnes, lors qu'elle dit ce que l'on luy a pris ?

URANIE.

Et bien que trouvez-vous là de sale ?

CLIMENE.

Ah !

URANIE.

De grace ?

CLIMENE.

Fy.

URANIE.

Mais encore ?

C L I M E N E.
Je n'ay rien à vous dire.

U R A N I E.
Pour moy, je n'y entens point de mal.

C L I M E N E.
Tant pis pour vous.

U R A N I E.
Tant mieux plûtoft, ce me femble. Je regarde les chofes du cofté qu'on me les monftre ; & ne les tourne point, pour y chercher ce qu'il ne faut pas voir.

C L I M E N E.
L'honnefteté d'une femme....

U R A N I E.
L'honneftecé d'une femme n'eft pas dans les grimaces. Il fied mal de vouloir eftre plus fage, que celles qui font fages. L'affectation en cette matiere eft pire qu'en toute autre ; & je ne voy rien de fi ridicule, que cette delicateffe d'honneur, qui prend tout en mauvaife part ; donne un fens criminel aux plus innocentes paroles ; & s'offenfe de l'ombre des chofes. Croyez-moy, celles qui font tant de façons n'en font pas eftimées plus femmes de bien. Au contraire, leur feverité myfterieufe, & leurs grimaces affectées irritent la cenfure de tout le monde, contre les actions de leur vie. On eft ravi de découvrir ce qu'il y peut avoir à redire ; & pour tomber dans l'exemple, il y avoit l'autre jour des Femmes à cette Comedie, vis-à-vis de la Loge où nous eftions, qui par les mines qu'elles affecterent durant toute la Piece, leurs détournemens de tefte, & leurs cachemens de vifage, firent dire de tous coftez cent fottifes de leur conduite, que l'on n'auroit pas dites fans cela ; & quelqu'un même des Laquais cria tout haut, qu'elles eftoient plus chaftes des oreilles que de tout le refte du corps.

C 2 a.

CLIMENE.

Enfin il faut estre aveugle dans cette Piece, & ne pas faire semblant d'y voir les choses.

URANIE.

Il ne faut pas y vouloir voir ce qui n'y est pas.

CLIMENE.

Ah ! je soûtiens, encore un coup, que les saletez y crevent les yeux.

URANIE.

Et moy, je ne demeure pas d'accord de cela.

CLIMENE.

Quoy, la pudeur n'est pas visiblement blessée par ce que dit Agnes dans l'endroit dont nous parlons.

URANIE.

Non vrayment. Elle ne dit pas un mot, qui de soy ne soit fort honneste ; & si vous voulez entendre dessous quelque autre chose, c'est vous qui faites l'ordure, & non pas elle ; puisqu'elle parle seulement d'un ruban qu'on luy a pris.

CLIMENE.

Ah ! ruban, tant qu'il vous plaira ; mais ce, *le*, où elle s'arreste, n'est pas mis pour des prunes. Il vient sur ce, *le*, d'estranges pensées. Ce, *le*, scandalise furieusement ; & quoy - que vous puissiez dire, vous ne sçauriez deffendre l'insolence de ce, *le*.

ELISE.

Il est vray, ma cousine ; je suis pour Madame contre ce, *le*. Ce, *le*, est insolent au dernier point. Et vous avez tort de deffendre ce, *le*.

CLIMENE.

Il a une obscenité qui n'est pas suportable.

ELISE.

Comment dites-vous ce mot-là, Madame ?

CLIMENE.

Obscenité, Madame.

ELISE.

ELISE.

Ah! mon Dieu! obſcenité. Je ne ſçay ce que
mot veut dire : mais je le trouve le plus joly du
monde.

CLIMENE.

Enfin vous voyez, comme voſtre ſang prend mon
party.

URANIE.

Eh! mon Dieu; c'eſt une cauſeuſe, qui ne dit
pas ce qu'elle penſe. Ne vous y fiez pas beaucoup, ſi
vous m'en voulez croire.

ELISE.

Ah! que vous eſtes meſchante, de me vouloir
rendre ſuſpecte à Madame. Voyez un peu où j'en
ſerois, ſi elle alloit croire ce que vous dites. Serois-
je ſi malheureuſe, Madame, que vous euſſiez de
moy cette penſée?

CLIMENE.

Non, non, je ne m'arreſte pas à ſes paroles, & je
vous croy plus ſincere qu'elle ne dit.

ELISE.

Ah! que vous avez bien raiſon, Madame; &
que vous me rendrez juſtice, quand vous croirez
que je vous trouve la plus engageante perſonne du
monde; que j'entre dans tous vos ſentimens, &
ſuis charmée de toutes les expreſſions, qui ſortent
de voſtre bouche.

CLIMENE.

Helas! je parle ſans affectation.

ELISE.

On le voit bien, Madame, & que tout eſt naturel
en vous. Vos paroles, le ton de voſtre voix, vos re-
gards, vos pas, voſtre action, & voſtre ajuſtement ont
je ne ſçay quel air de qualité, qui enchante les gens.
Je vous étudie des yeux & des oreilles; & je ſuis ſi
remplie de vous, que je taſche d'eſtre voſtre ſinge, &
de vous contrefaire en tout.

C L I.

CLIMENE.

Vous vous mocquez de moy, Madame.

ELISE.

Pardonnez-moy, Madame. Qui voudroit se moc-
quer de vous ?

CLIMENE.

Je ne suis pas un bon modele, Madame.

ELISE.

O que si, Madame.

CLIMENE.

Vous me flattez, Madame.

ELISE.

Point du tout, Madame.

CLIMENE.

Espargnez-moy, s'il vous plaist, Madame.

ELISE.

Je vous espargne aussi, Madame ; & je ne dis pas
la moitié de ce que je pense, Madame.

CLIMENE.

Ah mon Dieu ! brisons là, de grace : Vous me jet-
teriez dans une confusion espouvantable. * Enfin
nous voila deux contre vous, & l'opiniastreté sied si
mal aux personnes spirituelles......

* A Uranie.

SCENE IV.

LE MARQUIS, CLIMENE, GALOPIN, URANIE, ELISE.

GALOPIN.

ARrestez, s'il vous plaist, Monsieur.

LE MARQUIS.

Tu ne me connois pas, sans doute.

GALOPIN.

Si-fait, je vous connois ; mais vous n'entrerez pas.

LE MARQUIS.

Ah que de bruit, petit laquais !

GALOPIN.

Cela n'est pas bien de vouloir entrer malgré les gens.

LE MARQUIS.

Je veux voir ta Maistresse.

GALOPIN.

Elle n'y est pas, vous dis je.

LE MARQUIS.

La voila dans la chambre.

GALOPIN.

Il est vray, la voila ; mais elle n'y est pas.

URANIE.

Qu'est-ce donc qu'il y a la ?

LE MARQUIS.

C'est vostre laquais, Madame, qui fait le sot.

GALOPIN.

Je luy dis que vous n'y estes pas, Madame, & il ne veut pas laisser d'entrer.

URANIE.

Et pourquoy dire à Monsieur que je n'y suis pas ?

G A-

GALOPIN.
Vous me grondâtes l'autre jour, de luy avoir dit que vous y estiez.

URANIE.
Voyez cét insolent ! Je vous prie, Monsieur, de ne pas croire ce qu'il dit : c'est un petit écervelé, qui vous a pris pour un autre.

LE MARQUIS.
Je l'ay bien veu, Madame ; & sans vostre respect, je luy aurois appris à connoistre les gens de qualité.

ELISE.
Ma cousine vous est fort obligée de cette deference,

URANIE.
Un siege donc, impertinent.

GALOPIN.
N'en voila-t-il pas un ?

URANIE.
Approchez-le.   *

LE MARQUIS.
Vostre petit Laquais, Madame, a du mépris pour ma personne.

ELISE.
Il auroit tort, sans doute.

LE MARQUIS.
C'est peut-estre que je paye l'interest de ma mauvaise mine : hay, hay, hay, hay.

ELISE.
L'âge le rendra plus éclairé en honnestes gens.

LE MARQUIS.
Sur quoy en estiez-vous, Mesdames, lors que je vous ay interrompuës ?

URANIE.
Sur la Comedie de l'Escole des Femmes.

LE

---

* Le petit laquais pousse le siege rudement.

LE MARQUIS.

Je ne fais que d'en sortir.

CLIMENE.

Et bien, Monsieur, comment la trouvez vous, s'il vous plait ?

LE MARQUIS.

Tout-à-fait impertinente.

CLIMENE.

Ah que j'en suis ravie !

LE MARQUIS.

C'est la plus méchante chose du monde. Comment, diable ! à peine ay-je pû trouver place. J'ay pensé estre estouffé à la porte ; & jamais on ne m'a tant marché sur les pieds. Voyez comme mes canons & mes rubans en sont ajustez, de grace.

ELISE.

Il est vray que cela crie vangeance contre l'Escole des Femmes, & que vous la condamnez avec justice.

LE MARQUIS.

Il ne s'est jamais fait, je pense, une si méchante Comedie.

URANIE.

Ah ! voici Dorante que nous attendions.

SCE.

SCENE V.

DORANTE, LE MARQUIS, CLIMENE, ELISE, URANIE.

DORANTE.

NE bougez, de grace, & n'interrompez point voftre difcours. Vous eftes là fur une matiere, qui depuis quatre jours fait prefque l'entretien de toutes les maifons de Paris ; & jamais on n'a rien veu de fi plaifant, que la diverfité des jugemens, qui fe font là-deffus. Car enfin, j'ay ouy condamner cette Comedie à certaines gens, par les mêmes chofes, que j'ay veu d'autres eftimer le plus.

URANIE.

Voila Monfieur le Marquis, qui en dit force mal.

LE MARQUIS.

Il eft vray, je la trouve deteftable ; morbleu deteftable du dernier deteftable ; qu'on appelle deteftable.

DORONTE.

Et moy, mon cher Marquis, je trouve le jugement deteftable.

LE MARQUIS.

Quoy, Chevalier, eft-ce que tu pretens foûtenir cette Piece ?

DORANTE.

Oüy, je pretens la foûtenir.

LE MARQUIS.

Parbleu, je la garantis deteftable.

DORANTE.

La caution n'eft pas Bourgeoife. Mais, Marquis, par quelle raifon, de grace, cette Comedie eft-elle ce que tu dis.

L E

LE MARQUIS.

Pourquoy elle est detestable?

DORANTE.

Ouy.

LE MARQUIS.

Elle est detestable, parce qu'elle est detestable.

DORANTE.

Aprés cela il n'y a plus rien à dire : voila son pro-
cez fait. Mais encore instruis-nous, & nous dy les
defauts qui y sont.

LE MARQUIS.

Que sçay je moy ? je ne me suis pas seulement
donne la peine de l'escouter. Mais enfin je sçay bien
que je n'ay jamais rien veu de si mechant, Dieu me
damne : & Dorilas, contre qui j'estois, a este de mon
advis.

DORANTE.

L'autorité est belle, & te voila bien appuyé.

LE MARQUIS.

Il ne faut que voir les continuels éclats de rire
que le Parterre y fait : je ne veux point d'autre chose,
pour témoigner qu'elle ne vaut rien.

DORANTE.

Tu es donc, Marquis, de ces Messieurs du bel
air, qui ne veulent pas que le Parterre ait du sens
commun, & qui seroient faschez d'avoir ry avec
luy, fust-ce de la meilleure chose du monde? Je vis
l'autre jour sur le Theatre un de nos amis qui se ren-
dit ridicule par là. Il écouta toute la Piece avec un
serieux le plus sombre du monde : & tout ce qui
esgayoit les autres ridoit son front. A tous les éclats
de risée, il haussoit les espaules, & regardoit le
Parterre en pitié ; & quelquefois aussi le regar-
dant avec dépit, il luy disoit tout haut, *Ry donc,*
Parterre, ry donc. Ce fut une seconde Comedie,
que le chagrin de nostre amy ; il la donna en galant homme à toute l'assemblée ; & chacun de-
meura

meura d'accord qu'on ne pouvoit pas mieux joüé,
qu'il fit. Apprens, Marquis, je te prie, & les
autres aussi, que le bon sens n'a point de place
determinée à la Comedie ; que la difference du
demy Louïs d'or, & de la piece de quinze sols,
ne fait rien du tout au bon goust ; que debout &
assis on peut donner un mauvais jugement ; &
qu'enfin, à le prendre en general, je me fierois
assez à l'approbation du Parterre, par la raison
qu'entre ceux qui le composent, il y en a plusieurs
qui sont capables de juger d'une piece selon les regles, & que les autres en jugent par la bonne
façon d'en juger, qui est de se laisser prendre
aux choses, & de n'avoir n'y prevention aveugle, ny complaisance affectée, ny delicatesse ridicule.

LE MARQUIS.

Te voila donc, Chevalier, le deffenseur du Parterre ? Parbleu, je m'en réjouïs, & je ne manqueray
pas de l'advertir, que tu es de ses amis. Hay, hay, hay,
hay, hay, hay.

DORANTE.

Ry tant que tu voudras ; je suis pour le bon sens,
& ne sçaurois souffrir les ébulitions de cerveau
de nos Marquis de Mascarille. J'enrage de voir de
ces gens qui se traduisent en ridicules, malgré leur
qualité ; de ces gens qui decident toûjours, & parlent hardiment de toutes choses, sans s'y connoî-
tre ; qui dans une Comedie se récrieront aux mé-
chans endroits, & ne branfleront pas à ceux qui
font bons ; qui voyant un tableau, ou écoutant un
concert de musique, blâment de même & loüent
tout à contre sens, prennent par où ils peuvent les
termes de l'Art qu'ils attrappent, & ne manquent
jamais de les estropier, & de les mettre hors
de place. Eh ! Morbleu, Messieurs, taisez-vous,
quand Dieu ne vous a pas donné la connoissance
d'une

d'une chose ; n'apprestez point à rire à ceux qui vous entendent parler ; & songez qu'en ne disant mot, on croira, peut-estre, que vous estes d'habiles gens.

LE MARQUIS.

Parbleu, Chevalier, tu le prens-là.....

DORANTE.

Mon Dieu, Marquis, ce n'est pas à toy que je parle : C'est à une douzaine de Messieurs qui deshonnorent les gens de Cour par leurs manieres extravagantes, & font croire parmy le peuple que nous nous ressemblons tous. Pour moy je m'en veux justifier, le plus qu'il me sera possible ; & je les dauberay tant, en toutes rencontres, qu'à la fin ils se rendront sages.

LE MARQUIS.

Dy-moy un peu, Chevalier, crois-tu que Lysandre ait de l'esprit ?

DORANTE,

Ouy, sans doute, & beaucoup.

URANIE.

C'est une chose qu'on ne peut pas nier.

LE MARQUIS.

Demandez-luy ce qui luy semble de l'Ecole des Femmes : vous verrez qu'il vous dira, qu'elle ne luy plaist pas.

DORANTE.

Eh mon Dieu ! il y en a beaucoup que le trop d'esprit gaste ; qui voyent mal les choses à force de lumiere ; & même qui seroient bien faschez d'estre de l'advis des autres, pour avoir la gloire de decider.

URANIE.

Il est vray ; nostre amy est de ces gens-là, sans doute. Il veut estre le premier de son opinion, & qu'on attende par respect son jugement. Toute approbation qui marche avant la sienne est un

attentat

attentat sur ses lumieres, dont il se vange hautement
en prenant le contraire party. Il veut qu'on le con-
sulte sur toutes les affaires d'esprit ; & je suis seure
que si l'Auteur luy eust monstre sa Comedie, avant
que de la faire voir au public, il l'eut trouvee la plus
belle du monde.

LE MARQUIS.

Et que direz - vous de la Marquise Araminte,
qui la publie par tout pour épouvantable, & dit
qu'elle n'a pû jamais souffrir les ordures dont elle est
pleine ?

DORANTE.

Je diray que cela est digne du Caractere qu'elle a
pris ; & qu'il y a des personnes, qui se rendent ridicules, pour vouloir avoir trop d'honneur. Bien
qu'elle ait de l'esprit, elle a suivi le mauvais exemple de celles, qui estant sur le retour de l'âge, veulent remplacer de quelque chose ce qu'elles voyent
qu'elles perdent ; & pretendent que les grimaces
d'une pruderie scrupuleuse, leur tiendront lieu de
junesse & de beauté. Celle-ci pousse l'affaire plus
avant qu'aucune, & l'habilité de son scrupule dé-
couvre des saletez, où jamais personne n'en avoit
veu. On tient qu'il va, ce scrupule, jusques à deffi-
gurer nostre langue, & qu'il n'y a point presque de
mots, dont la severité de cette Dame ne veuille re-
trancher ou la teste, ou la queuë, pour les syllabes
deshonnestes qu'elle y trouve.

URANIE.

Vous estes bien fou, Chevalier.

LE MARQUIS.

Enfin, Chevalier, tu crois deffendre ta Comedie,
en faisant la satyre de ceux qui la condamnent.

DORANTE.

Non pas ; mais je tiens que cette Dame se scandalise à tort.....

ELI-

ELISE.

Tout-beau, Monfieur le Chevalier : il pourroit y
en avoir d'autres qu'elles, qui feroient dans les mêmes fentimens.

DORANTE.

Je fçay bien que ce n'eſt pas vous, au moins ; &
que lors que vous avez veu cette repreſentation.....

ELISE.

Il eſt vray, mais j'ay changé d'avis, & Madame
fçait appuyer le fien, par des raiſons ſi convaincantes,
qu'elle m'a entraiſnée de fon coſté.

DORANTE.

Ah ! Madame, je vous demande pardon ; & ſi
vous le voulez, je me dédiray, pour l'amour de
vous, de tout ce que j'ay dit.

CLIMENE.

Je ne veux pas que ce ſoit pour l'amour de moy ;
mais pour l'amour de la raiſon : car enfin cette piece,
à le bien prendre, eſt tout à fait indeffendable ; & je
ne conçois pas.....

URANIE.

Ah ! voici l'Auteur Monfieur Lyfidas : il vient
tout à propos, pour cette matiere. Monfieur Lyfidas,
prenez un fiege vous-même, & vous mettez-là.

SCENE VI.

LYSIDAS, DORANTE, LE MAR-QUIS, ELISE, URANIE, CLIMENE.

LYSIDAS.

MAdame; Je viens un peu tard ; mais il m'a fallu lire ma Piece chez Madame la Marquise, dont je vous avois parlé ; & les loüanges, qui luy ont esté données, m'ont retenu une heure plus que je ne croyois.

ELISE.

C'est un grand charme que les loüanges pour arrester un Auteur.

URANIE.

Asseyez-vous donc, Monsieur Lysidas ; nous lirons vostre Piece aprés soupé.

LYSIDAS.

Tous ceux qui estoient là, doivent venir à sa premiere representation, & m'ont promis de faire leur devoir comme il faut.

URANIE.

Je le croy : mais encore une fois asseyez-vous, s'il vous plaist : Nous sommes ici sur une matiere que je seray bien-aise que nous poussions.

LYSIDAS.

Je pense, Madame, que vous retiendrez aussi une loge pour ce jour-là.

URANIE.

Nous verrons. Poursuivons, de grace, nostre discours.

LYSIDAS.

Je vous donne avis, Madame, qu'elles sont presque toutes retenües.

U R A-

U R A N I E.

Voila qui est bien. Enfin j'avois besoin de vous,
lors que vous estes venu , & tout le monde estoit ici
contre moy.

E L I S E.

Il s'est mis d'abord de vostre costé , mais mainte-
nant qu'il sçait que Madame est à la teste du party
contraire, je pense que vous n'avez qu'à chercher un
autre secours.

C L I M E N E.

Non, non, je ne voudrois pas qu'il fist mal sa Cour
auprés de Madame vostre cousine , & je permets à
son esprit d'estre du party de son cœur.

D O R A N T E.

Avec cette permission , Madame , je prendray la
hardiesse de me deffendre.

U R A N I E.

Mais auparavant sçachons un peu les sentimens
de Monsieur Lysidas.

L Y S I D A S.

Sur quoy, Madame ?

U R A N I E.

Sur le sujet de l'Escole des Femmes.

L Y S I D A S.

Ha, ha.

D O R A N T E.

Que vous en semble ?

L Y S I D A S.

Je n'ay rien à dire là-dessus ; & vous sçavez
qu'entre nous auteurs , nous devons parler des Ouvrages les uns des autres avec beaucoup de circon-
spection.

D O R A N T E.

Mais encore, entre nous, que pensez vous de cette Comedie ?

L Y S I D A S.

Moy, Monsieur ?

URANIE.

De bonne foy, dites-nous voftre avis.

LYSIDAS.

Je la trouve fort belle.

DORANTE.

Affeurément ?

LYSIDAS.

Affeurément ; pourquoy non ? N'eft-elle pas en effect la plus belle du monde ?

DORANTE.

Hom , hom , vous eftes un méchant diable, Monfieur Lyfidas ; vous ne dites pas ce que vous penfez.

LYSIDAS.

Pardonnez moy.

DORANTE.

Mon Dieu , je vous connois ; ne diffimulons point.

LYSIDAS.

Moy, Monfieur ?

DORANTE.

Je voy bien que le bien que vous dites de cette Piece n'eft que par honnefteté ; & que dans le fond du cœur, vous eftes de l'advis de beaucoup de gens, qui la trouvent mauvaife.

LYSIDAS.

Hay, hay, hay.

DORANTE.

Avouëz , ma foy , que c'eft une méchante chofe que cette Comedie.

LYSIDAS.

Il eft vray qu'elle n'eft pas approuvée par les Con-noifleurs.

LE MARQUIS.

Ma foy, Chevalier, tu en tiens, & te voila payé de ta raillerie, ah, ah, ah, ah, ah.

D o-

DORANTE.

Pousse, mon cher Marquis, pousse.

LE MARQUIS.

Tu vois que nous avons les Sçavans de nostre costé.

DORANTE.

Il est vray, le jugement de Monsieur Lysidas est quelque chose de considerable ; mais Monsieur Lysidas veut bien que je ne me rende pas pour cela. Et puisque j'ay bien l'audace de me deffendre contre les sentimens de Madame, il ne trouvera pas mauvais que je combatte les siens.

ELISE.

Quoy ? vous voyez contre vous Madame, Monsieur le Marquis, & Monsieur Lysidas, & vous osez resister encore ? Fy que cela est de mauvaise grace.

CLIMENE.

Voila qui me confond, pour moy, que des personnes raisonnables se puissent mettre en teste de donner protection aux sottises de cette Piece !

LE MARQUIS.

Dieu me damne, Madame, elle est miserable depuis le commencement jusqu'à la fin.

DORANTE.

Cela est bien tost dit, Marquis ; il n'est rien plus ayse que de trancher ainsi, & je ne vois aucune chose, qui puisse estre à couvert de la souveraineté de tes decisions.

LE MARQUIS.

Parbleu, tous les autres Comediens qui estoient là pour la voir, en ont dit tous les maux du monde.

DORANTE.

Ah ! je ne dis plus mot, tu as raison, Marquis ; puisque les autres Comediens en disent du mal, il

faut

faut les en croire asseurément. Ce sont tous gens éclairez, & qui parlent sans interest, il n'y a plus rien à dire, je me rends.

CLIMENE.

Rendez-vous, ou ne vous rendez pas, je sçay fort bien que vous ne me persuaderez point de souffrir les immodesties de cette Piece ; non plus que les satyres desobligeantes qu'on y voit contre les Femmes.

URANIE.

Pour moy, je me garderay bien de m'en offencer, & de prendre rien sur mon conte de tout ce qui s'y dit. Ces sortes de satyres tombent directement sur les mœurs, & ne frappent les personnes que par reflexion. N'allons point nous appliquer nous-mêmes les traits d'une censure generale ; & profitons de la leçon, si nous pouvons, sans faire semblant qu'on parle à nous. Toutes les peintures ridicules qu'on expose sur les Theatres doivent estre regardées sans chagrin de tout le monde. Ce sont miroirs publics, où il ne faut jamais témoigner qu'on se voye ; & c'est se taxer hautement d'un deffaut, que se scandaliser qu'on le reprenne.

CLIMINE.

Pour moy je ne parle pas de ces choses, par la part que j'y puisse avoir ; & je pense que je vis d'un air dans le monde, à ne pas craindre d'estre cherchée dans les peintures qu'on fait là des femmes qui se gouvernent mal.

ELISE.

Asseurément, Madame, on ne vous y cherchera point ; vostre conduite est assez connüe ; & ce sont de ces sortes de choses qui ne sont contestées de personne.

URANIE.

Aussi, Madame, n'ay-je rien dit qui aille à vous ; &
mes

mes parolles, comme les Satyres de la Comedie, demeurent dans la these generale.

C L I M E N E.

Je n'en doute pas, Madame. Mais enfin passons sur ce chapitre. Je ne sçay pas de quelle façon vous recevez les injures qu'on dit à nostre sexe dans un certain endroit de la piece ; & pour moy je vous avoüe que je suis dans une colere épouvantable, de voir que cét auteur impertinent nous appelle des animaux.

U R A N I E.

Ne voyez-vous pas que c'est un ridicule qu'il fait parler ?

D O R A N T E.

Et puis, Madame, ne sçavez vous pas que les injures des Amans n'offencent jamais ? qu'il est des amours emportez aussi-bien que des doucereux ? & qu'en de pareilles occasions les paroles les plus estranges, & quelque chose de pis encore, se prennent bien souvent pour des marques d'affection par celles mêmes qui les reçoivent ?

E L I S E.

Dites tout ce que vous voudrez, je ne sçaurois digerer cela, non plus que le potage, & la tarte à la crême, dont Madame a parlé tantost.

L E   M A R Q U I S.

Ah ! ma foy ouy, tarte à la crême. Voilà ce que j'avois remarqué tantost ; tarte à la crême. Que je vous suis obligé, Madame, de m'avoir fait souvenir de tarte à la crême. Y a-t-il assez de pommes en Normandie pour tarte à la crême ? Tarte à la crême, morbleu, tarte à la crême !

D O R A N T E.

Et bien que veux-tu dire, tarte à la crême ?

L E   M A R Q U I S.

Parbleu, tarte à la crême, Chevalier.

B 5　　　　　　　D O-

DORANTE.

Mais encore !

LE MARQUIS.

Tarte à la crême.

DORANTE.

Dis nous un peu tes raisons.

LE MARQUIS.

Tarte à la crême.

URANIE.

Mais il faut expliquer sa pensée, ce me semble.

LE MARQUIS.

Tarte à la crême, Madame.

URANIE.

Que trouvez-vous là à redire ?

LE MARQUIS.

Moy, rien ; tarte à la crême.

URANIE.

Ah ! je le quite.

ELISE.

Monsieur le Marquis s'y prend bien , & vous bourre de la belle maniere. Mais je voudrois bien que Monsieur Lysidas voulust les achever, & leur donner quelques petits coups de sa façon.

LYSIDAS.

Ce n'est pas ma coustume de rien blasmer, & je suis assez indulgent pour les ouvrages des autres. Mais enfin , sans choquer l'amitié que Monsieur le Chevalier tesmoigne pour l'Auteur, on m'avouëra que ces sortes de Comedies ne sont pas proprement des Comedies, & qu'il y a une grande difference de toutes ces bagatelles , à la beauté des pieces serieuses. Cependant tout le monde donne là dedans aujourd'huy ; on ne court plus qu'à cela ; & l'on voit une solitude effroyable aux grans ouvrages , lors que des sottises ont tout Paris. Je vous avouë que le cœur m'en saigne quelquefois, & cela est honteux pour la France.

CLIMENE.

Il est vray que le goust des gens est estrangement
gasté là-dessus,& que le siecle s'encanaille furieusement.

ELISE.

Celuy-là est joly encore,s'encanaille. Est-ce vous
qui l'avez inventé, Madame ?

CLIMENE.

Hé !

ELISE.

Je m'en suis bien doutée.

DORANTE.

Vous croyez donc , Monsieur Lysidas, que tout
l'esprit & toute la beauté sont dans les Poëmes serieux, & que les pieces Comiques sont des niaiseries
qui ne meritent aucune loüange.

URANIE.

Ce n'est pas mon sentiment , pour moy. La Tra-
gedie , sansdoute, est quelque chose de beau quand
elle est bien touchée ; mais la Comedie a ses char-
mes , & je tiens que l'une n'est pas moins difficile à
faire que l'autre.

DORANTE.

Asseurément, Madame, & quand pour la difficul-
té vous mettriez un peu plus du costé de la Comedie , peut-estre que vous ne vous abuseriez pas. Car
enfin , je trouve qu'il est bien plus aisé de se guinder
sur de grands sentimens, de braver en Vers la Fortu-
ne, accuser les Destins,& dire des injures aux Dieux,
que d'entrer comme il faut dans le ridicule des
hommes , & de rendre agreablement sur le Theatre
les defauts de tout le monde. Lors que vous peignez des Heros, vous faites ce que vous voulez ; ce
sont des portraits à plaisir , où l'on ne cherche point
de ressemblance ; & vous n'avez qu'à suivre les traits
d'une imagination qui se donne l'essor , & qui souvent laisse le vray pour attraper le merveilleux. Mais

lors que vous peignez les hommes , il faut peindre
d'apres nature ; on veut que ces portraits ressem-
blent ; & vous n'avez rien fait si vous n'y faites re-
connoistre les gens de vostre siecle. En un mot, dans
les pieces serieuses, il suffit, pour n'estre point blasmé,
de dire des choses qui soient de bon sens , & bien es-
crites : Mais ce n'est pas assez dans les autres ; il y
faut plaisanter ; & c'est une estrange entreprise que
celle de faire rire les honnestes gens.

C L I M E N E.

Je crois estre du nombre des honnestes gens , &
cependant je n'ay pas trouvé le mot pour rire dans
tout ce que j'ay veu.

L E M A R Q U I S.

Ma foy, ni moy non plus.

D O R A N T E.

Pour toy , Marquis, je ne m'en estonne pas ; c'est
que tu n'y as point trouvé de Turlupinades.

L Y S I D A S.

Ma foy , Monsieur, ce qu'on y rencontre ne vaut
gueres mieux , & toutes les plaisanteries y sont assez
froides, à mon avis.

D O R A N T E.

La Cour n'a pas trouvé cela.

L Y S I D A S.

Ah ! Monsieur, la Cour.

D O R A N T E.

Achevez , Monsieur Lysidas. Je vois bien que
vous voulez dire que la Cour ne se connoist pas à ces
choses ; & c'est le refuge ordinaire de vous autres
Messieurs les Auteurs, dans le mauvais succés de vos
ouvrages, que d'accuser l'injustice du siecle , & le
peu de lumiere des Courtisans. Sçachez , s'il vous
plaist , Monsieur Lysidas , que les Courtisans ont
d'aussi bons yeux que d'autres ; qu'on peut estre ha-
bile avec un point de Venise,& des plumes,aussi-bien
qu'avec une perruque courte , & un petit rabat uni :

que

que la grande espreuve de toutes vos Comedies,
c'est le jugement de la Cour ; que c'est son goust
qu'il faut estudier pour trouver l'art de reüssir ;
qu'il n'y a point de lieu où les decisions soient si
justes ; & sans mettre en ligne de conte tous les
gens sçavans qui y sont, que du simple bon sens
naturel & du commerce de tout le beau monde,
on s'y fait une maniere d'esprit, qui, sans compa-
paraison, juge plus finement des choses, que tout
le sçavoir enrouillé des Pedans.

U R A N I E.

Il est vray que pour peu qu'on y demeure, il vous
passe là tous les jours assez de choses devant les yeux
pour acquerir quelque habitude de les connoistre,
& sur tout pour ce qui est de la bonne & mauvaise
plaisanterie.

D O R A N T E.

La Cour a quelques ridicules, j'en demeure
d'accord, & je suis, comme on voit, le premier
à les fronder. Mais, ma foy, il y en a un grand
nombre parmi les beaux esprits de profession ; & si
l'on joüe quelques Marquis, je trouve qu'il y a
bien plus dequoy joüer les Auteurs, & que ce seroit une chose plaisante à mettre sur le Theatre,
que leurs grimaces sçavantes, & leurs rafinemens
ridicules ; leur vicieuse coustume d'assassiner les
gens de leurs ouvrages ; leur friandise de loüanges;
leurs ménagemens de pensées ; leur trafic de reputation ; & leurs ligues offensives & deffensives ; aussi-bien que leurs guerres d'esprit, & leurs combats
de prose, & de vers.

L Y S I D A S.

Moliere est bien heureux, Monsieur, d'avoir un
Protecteur aussi chaud que vous. Mais enfin, pour
venir au fait, il est question de sçavoir si la piece est
bonne, & je m'offre d'y montrer par tout cent defauts visibles.

B 7

URANIE.

C'est une estrange chose de vous autres Messieurs les Poëtes, que vous condamniez toûjours les pieces où tout le monde court, & ne disiez jamais du bien que de celles où personne ne va. Vous montrez pour les unes une haine invincible, & pour les autres une tendresse qui n'est pas concevable.

DORANTE.

C'est qu'il est genereux de se ranger du costé des affligez.

URANIE.

Mais, de grace, Monsieur Lysidas, faites nous voir ces defauts, dont je ne me suis point apperceuë.

LYCYDAS.

Ceux qui possedent Aristote & Horace voyent d'abord Madame, que cette Comedie peche contre toutes les regles de l'art.

URANIE.

Je vous avouë que je n'ay aucune habitude avec ces Messieurs-là, & que je ne sçay point les regles de l'art.

DORANTE.

Vous estes de plaisantes gens avec vos regles dont vous embarassiez les ignorans, & nous estourdissiez tous les jours. Il semble, à vous ouïr parler, que ces regles de l'art soyent les plus grands mysteres du monde, & cependant ce ne sont que quelques observations aisées que le bon sens a faites sur ce qui peut oster le plaisir que l'on prend à ces sortes de Poëmes; & le même bon sens qui a fait autrefois ces observations, les fait aisément tous les jours sans le secours d'Horace & d'Aristote. Je voudrois bien sçavoir si la grande regle de toutes les regles n'est pas de plaire; & si une piece de Theatre qui a attrapé son but n'a pas suivi un bon chemin. Veut-on que tout un public s'abuſe ſur ces ſortes de choſes, & que chacun n'y ſoit pas juge du plaiſir qu'il y prend?

U R A N I E.

J'ay remarqué une choſe de ces Meſſieurs-là ; c'eſt que ceux qui parlent le plus des regles, & qui les ſçavent mieux que les autres, font des Comedies que perſonne ne trouve belles.

D O R A N T E.

Et c'eſt ce qui marque, Madame, comme on doit s'arreſter peu à leurs diſputes embaraſſées. Car enfin, ſi les pieces qui ſont ſelon les regles ne plaiſent pas, & que celles qui plaiſent ne ſoient pas ſelon les regles, il faudroit de neceſſité que les regles euſſent eſté mal faites. Mocquons nous donc de cette chicane où ils veulent aſſujettir le gouſt du public, & ne conſultons dans une Comedie que l'effet qu'elle fait ſur nous. Laiſſons nous aller de bonne foy aux choſes qui nous prennent par les entrailles, & ne cherchons point de raiſonnemens pour nous empeſcher d'avoir du plaiſir.

U R A N I E.

Pour moy, quand je vois une Comedie, je regarde ſeulement ſi les choſes me touchent, & lors que je m'y ſuis bien divertie, je ne vais point demander ſi j'ay eu tort, & ſi les regles d'Ariſtote me deffendoient de rire.

D O R A N T E.

C'eſt juſtement comme un homme qui auroit trouvé une ſauſſe excellente, & qui voudroit examiner ſi elle eſt bonne, ſur les preceptes du Cuiſinier François.

U R A N I E.

Il eſt vray ; & j'admire les rafinemens de certaines gens ſur des choſes que nous devons ſentir par nous-mémes.

D O-

DORANTE.

Vous avez raison , Madame, de les trouver estranges tous ces rafinemens mysterieux. Car enfin , s'ils ont lieu, nous voilà reduits à ne nous plus croire, nos propres sens seront esclaves en toutes choses ; & jusques au manger & au boire nous n'oserons plus trouver rien de bon sans le congé de Messieurs les experts.

LYSIDAS.

Enfin , Monsieur , toute vostre raison , c'est que l'Escole des Femmes a pleu ; & vous ne vous souciez point qu'elle ne soit pas dans les regles pourveu....

DORANTE.

Tout beau, Monsieur Lysidas, je ne vous accorde pas cela. Je dis bien que le grand art est de plaire , & que cette Comedie ayant pleu à ceux pour qui elle est faite , je trouve que c'est assez pour elle, & qu'elle doit peu se soucier du reste. Mais avec cela, je soûtiens qu'elle ne péche contre aucune des regles dont vous parlez. Je les ay leuës , Dieu mercy , autant qu'un autre , & je ferois voir aisément que peut-estre n'avons-nous point de piece au Theatre plus reguliere que celle-là.

ELISE.

Courage, Monsieur Lysidias , nous sommes perdus si vous reculez.

LYSIDAS.

Quoy, Monsieur, la Protase , l'Epitase , & la Peripetie ?....

DORANTE.

Ah ! Monsieur Lysidas , vous nous assommez avec vos grands mots. Ne paroissez point si sçavant, de grace ; humanisez vostre discours , & parlez pour estre entendu. Pensez-vous qu'un nom Grec donne plus de poids à vos raisons ? Et ne trou-
verez-

veriez-vous pas qu'il fuſt auſſi beau de dire, l'expoſition du ſujet, que la protaſe; le nœud, que l'Epitaſe; & le dénouëment, que la peripetie?

LYSIDAS.

Ce ſont termes de l'art dont il eſt permis de ſe ſervir. Mais puiſque ces mots bleſſent vos oreilles, je m'expliqueray d'une autre façon, & je vous prie de répondre poſitivement à trois ou quatre choſes que je vais dire. Peut-on ſouffrir une piece qui péche contre le nom propre des pieces de Theatre? car enfin le nom de poëme Dramatique vient d'un mot Grec; qui ſignifie agir, pour monſtrer que la nature de ce poëme conſiſte dans l'action; & dans cette Comedie ci il ne ſe paſſe point d'actions, & tout conſiſte en des recits que vient faire, ou Agnes ou Horace.

LE MARQUIS.

Ah, ah, Chevalier.

CLIMENE.

Voila qui eſt ſpirituellement remarqué, & c'eſt prendre le fin des choſes.

LYSIDAS.

Eſt-il rien de ſi peu ſpirituel, ou pour mieux dire, rien de ſi bas, que quelques mots où tout le monde rit, & ſur-tout celuy des enfans par l'oreille?

CLIMENE.

Fort bien.

ELISE.

Ah!

LYSIDAS.

La Scene du valet & de la ſervante au dedans de la maiſon, n'eſt-elle pas d'une longueur ennuieuſe, & tout-à-fait impertinente?

LE MARQUIS.

Cela eſt vray.

CLIMENE.

Aſſeurément.

ELI.

E L I S E.

Il a raifon.

L Y S I D A S.

Arnolphe ne donne-t-il pas trop librement fon argent à Horace ; & puifque c'eft le perfonnage ridicule de la piece, faloit-il luy faire faire l'action d'un honnefte homme ?

L e M a r q u i s.

Bon, la remarque eft encore bonne.

C l i m e n e.

Admirable.

E l i s e.

Merveilleufe.

L y s i d a s.

Le fermon, & les maximes ne font-elles pas des chofes ridicules, & qui choquent même le refpect que l'on doit à nos myfteres ?

L e M a r q u i s.

C'eft bien dit.

C l i m e n e.

Voila parlé comme il faut.

E l i s e.

Il ne fe peut rien de mieux.

L y s i d a s.

Et ce Monfieur de la Souche, enfin, qu'on nous fait un homme d'efprit, & qui paroift fi ferieux en tant d'endroits, ne defcend-il point dans quelque chofe de trop Comique, & de trop outré au cinquiéme Acte, lorfqu'il explique à Agnes la violence de fon amour avec ces roulemens d'yeux extravagans, ces foupirs ridicules, & ces larmes niaifes qui font rire tout le monde ?

L e M a r q u i s.

Morbleu, merveille !

C l i m e n e.

Miracle !

E L I-

ELISE.

Vivat, Monsieur Lysidas.

LYSIDAS.

Je laisse cent mille autres choses de peur d'estre ennuyeux.

LE MARQUIS.

Parbleu, Chevalier, te voila mal ajusté.

DORANTE.

Il faut voir.

LE MARQUIS.

Tu as trouvé ton homme, ma foy.

DORANTE.

Peut-estre.

LE MARQUIS.

Respon, respon, respon, respon.

DORANTE.

Volontiers. Il.....

LE MARQUIS.

Respon donc, je te prie.

DORANTE.

Laisse moy donc faire. Si....

LE MARQUIS.

Parbleu, je te deffie de respondre.

DORANTE.

Ouy, si tu parles toûjours.

CLIMENE.

De grace, écoutons ses raisons.

DORANTE.

Premierement, il n'est pas vray de dire que toute la piece n'est qu'en recits. On y voit beaucoup d'actions qui se passent sur la Scene ; & les recits eux-mêmes y sont des actions suivant la constitution du sujet, dautant qu'ils sont tous faits innocemment, ces recits, à la personne interessée, qui par là entre à tous coups dans une confusion à réjouir les spectateurs, & prend à chaque nouvelle toutes les mesures qu'il peut pour se parer du malheur qu'il craint.

URANIE.

Pour moy, je trouve que la beauté du sujet de l'Ecole des femmes consiste dans cette confidence perpetuelle ; & ce qui me paroît assez plaisant, c'est qu'un homme qui a de l'esprit & qui est adverti de tout par une innocente, qui est sa maistresse, & par un estourdi qui est son rival, ne puisse avec cela éviter ce qui luy arrive.

LE MARQUIS.

Bagatelle, bagatelle.

CLIMENE.

Foible réponse.

ELISE.

Mauvaises raisons.

DORANTE.

Pour ce qui est des enfans par l'oreille, ils ne sont plaisans que par reflexion à Arnolphe ; & l'Auteur n'a pas mis cela pour estre de soy un bon mot : mais seulement pour une chose qui caracterise l'homme, & peint d'autant mieux son extravagance, puisqu'il rapporte une sottise triviale qu'a dite Agnes, comme la chose la plus belle du monde & qui luy donne une joye inconcevable.

LE MARQUIS.

C'est mal répondre.

CLIMENE.

Cela ne satisfait point.

ELISE.

C'est ne rien dire.

DORANTE.

Quant à l'argent qu'il donne librement, outre que la lettre de son meilleur amy luy est une caution suffisante, il n'est pas incompatible qu'une personne soit ridicule en de certaines choses, &

hon-

honneſte homme en d'autres. Et pour la Scene d'A-
lain & de Georgette dans le logis, que quelques-
uns ont trouvée longue & froide, il eſt certain
qu'elle n'eſt pas ſans raiſon ; & de même qu'Arnolphe ſe trouve attrapé pendant ſon voyage, par
la pure innocence de ſa maiſtreſſe, il demeure
au retour long-temps à ſa porte par l'innocence
de ſes valets, afin qu'il ſoit par tout puni par les
choſes qu'il a creu faire la ſeureté de ſes precau-
tions.

LE MARQUIS.

Voila des raiſons qui ne valent rien.

CLIMENE.

Tout cela ne fait que blanchir.

ELISE.

Cela fait pitié.

DORANTE.

Pour le diſcours moral que vous appellez un
ſermon, il eſt certain que de vrais devots qui
l'ont ouï n'ont pas trouvé qu'il choquaſt ce que
vous dites ; & ſans doute que ces paroles d'enfer
& de chaudieres bouïllantes ſont aſſez juſtifiées
par l'extravagance d'Arnolphe & par l'innocence
de celle à qui il parle. Et quant au tranſport a-
moureux du cinquiéme Acte qu'on accuſe d'eſtre
trop outré & trop comique, je voudrois bien ſça-
voir ſi ce n'eſt pas faire la ſatyre des amans, &
ſi les honneſtes gens même, & les plus ſerieux,
en de pareilles occaſions, ne font pas de choſes.....

LE MARQUIS.

Ma foy, Chevalier, tu ferois mieux de te taire.

DORANTE.

Fort bien. Mais enfin ſi nous nous regardions
nous-mêmes, quand nous ſommes bien amou-
reux?.....

L E

LE MARQUIS.

Je ne veux pas seulement t'écouter.

DORANTE.

Ecoute moy si tu veux. Est-ce que dans la violence de la passion ?....

LE MARQUIS.

La, la, la, la, lare, la, la, la, la, la, la. *Il chante.*

DORANTE.

Quoy ?....

LE MARQUIS.

La, la, la, la, lare, la, la, la, la, la, la,

DORANTE.

Je ne sçay pas si ?....

LE MARQUIS.

La, la, la, la, lare, la, la, la, la, la, la, la.

URANIE.

Il me semble que ...

LE MARQUIS.

La, la, la, lare, la, la, la, la, la, la, la, la, la, la.

URANIE.

Il se passe des choses assez plaisantes dans nostre dispute. Je trouve qu'on en pourroit bien faire une petite Comedie, & que cela ne seroit pas trop mal à la queuë de l'Ecole des Femmes.

DORANTE.

Vous avez raison.

LE MARQUIS.

Parbleu, Chevalier, tu joüerois là-dedans un rolle qui ne te seroit pas avantageux.

DORANTE.

Il est vray, Marquis.

CLIMENE.

Pour moy, je souhaiterois que cela se fist, pourveu qu'on traitast l'affaire comme elle s'est passée.

ELISE.

Et moy je fournirois de bon cœur mon personnage.

LYCIDAS.

Je ne refuserois pas le mien, que je pense.

URANIE.

Puisque chacun en seroit content, Chevalier, faites un memoire de tout, & le donnez à Moliere que vous connoissez, pour le mettre en Comedie.

CLIMENE.

Il n'auroit garde, sans doute, & ce ne seroit pas des vers à sa loüange.

URANIE.

Point, point; je connoy son humeur; il ne se soucie pas qu'on fronde ses pieces, pourveu qu'il y vienne du monde.

DORANTE.

Ouy; mais quel denoüément pourroit il trouver à ceci? Car il ne sçauroit y avoir ny mariage, ny reconnoissance; & je ne sçay point par où l'on pourroit faire finir la dispute.

URANIE.

Il faudroit réver quelque incident pour cela.

SCENE VII,

ET DERNIERE.

GALOPIN, LYSIDAS, DORANTE, LE MARQUIS, CLIMENE, ELISE, URANIE.

GALOPIN.

MAdame, on a servi sur table.

DORANTE.

Ah! voila justement ce qu'il faut pour le denoüément que nous cherchions, & l'on ne peut rien trouver de plus naturel. On disputera fort & ferme de part & d'autre, comme nous avons fait,

sans

sans que personne se rende ; un petit Laquais viendra dire qu'on a servi ; on se levera ; & chacun ira souper.

URANIE.

La Comedie ne peut pas mieux finir, & nous ferons bien d'en demeurer là.

F I N.

www.ingramcontent.com/pod-product-compliance
Lightning Source LLC
LaVergne TN
LVHW022345170726

843503LV00008B/3555